DOREEN DÜE

ROADTRIP DURCH DIE CAMPINGKÜCHE

Ein Roadtrip...

...ohne gutes Essen macht nur halb so viel Spaß. Aber harmoniert das eigentlich: einfallsreiche Speisen aus der Camping-Küche? Und wie: schon das immer wechselnde Angebot von Nahrungsmitteln sorgt auf Reisen für eine neue Kreativität, die von den beengten Platzverhältnissen eher angefacht, als gebremst wird.

Seit einigen Jahren reisen und leben mein Partner und ich dauerhaft in einem ausgebauten Kastenwagen – auf kleinstem Raum, meine Küche ist einen Quadratmeter groß. An deutschen Supermärkten kommen wir schon seit langem nicht mehr vorbei, also habe ich mit der Zeit gelernt, wie unsere Lieblingsgerichte, die wir früher häufig fertig kauften, mit einfachen Mitteln nachzukochen sind. Aber nicht nur das: der Alltag auf Reisen ist so viel anders als ein Leben mit Haus und Hof, dass ich begann, eigene Rezepte zu entwickeln, die perfekt zur mobilen Küche passen. Es ist manchmal ganz erstaunlich, mit wie wenig Aufwand sich köstliche Gerichte zaubern lassen, die nach mehr Arbeit aussehen als sie tatsächlich machen.

In diesem Buch findet sich eine Zusammenstellung verschiedenster Rezepte, die ich exakt auf die Besonderheiten der mobilen Küche angepasst, immer wieder ausprobiert und umgeschrieben habe, denn viele gewöhnliche Kochanweisungen sind entweder von den technischen Voraussetzungen oder den Mengenangaben her nicht in einer mobilen Küche umsetzbar.

Sie bekommen nicht nur Tipps und Rezepte, was Sie aus frischem Obst und Gemüse kochen können, sondern auch wie Sie mit haltbaren Zutaten aus dem Vorrat kreativ umgehen.

So werden Sie zum Beispiel immer wieder Rezepte mit getrockneten Hülsenfrüchte finden. Aufgrund Ihrer Lagereigenschaften sind Linsen, Bohnen, Erbsen und Co. perfekt für unterwegs: klein, leicht, lange haltbar, dabei sehr gesund und nahrhaft.

Aus hygienischen Gründen habe ich bei der Zusammenstellung der Rezepte auf Fisch und Fleisch völlig verzichtet. Gerade im Ausland lässt sich die Qualität schwer beurteilen und eine auf Reisen nur selten perfekte Kühlkette macht den Umgang mit verderblicher Ware zusätzlich schwierig.

Zusätzlich gibt es Infos zu Lebensmitteln, die in einem mobilen Haushalt nicht fehlen sollten, genauso gibt es Tipps für eine smarte Küchenausstattung. Eben Dinge, die auf keinen Fall fehlen dürfen, um unbeschwert und gut bestückt an den Strand, in die Berge, zur nächsten Palme, an den nächsten See, in die Sonne oder in den Schnee reisen können, ohne sich ausschließlich von Dosen-Ravioli ernähren zu müssen.

Blättern Sie in Ruhe im Buch, planen Sie ein wenig, was Sie auf Ihrer nächsten Tour gerne kochen wollen, freuen Sie sich auf den nächsten Einkauf auf einem neu entdeckten Wochenmarkt und genießen die Möglichkeit, sich auch kulinarisch von den Orten inspirieren zu lassen, die Sie besuchen. Denn mit gutem.Essen macht ein Roadtrip doppelt so viel Spaß!

Viele wunderbare Reisen mit grandiosen (Koch-)Erlebnissen wünscht Ihnen

Doreen Düe

Werkzeugkasten

In dieser Liste finden Sie alle üblichen Dinge, die in jeder Reisemobil-Küche unverzichtbar sind. Und dann gibt es da noch ein paar ungewöhnlichere Untensilien, die für wirklich gute Ergebnisse beim Kochen und Backen unersetzlich sind. So viel Platz muss sein.

- Messer, Gabel
- Esslöffel, Teelöffel
- Dosenöffner
- Schüssel
- Plastikdosen mit Deckel
- Schneidebrett
- Teller
- Tiefe Teller oder Schalen
- Tassen
- Becher, Gläser
- Geschirrtuch
- Spüllappen/Schwamm
- Geschirrspülmittel
- Topflappen
- Feuerzeug

1 Pfanne mit Deckel
2 Töpfe
3 Reibe
5 Waage
6 Omnia-Backofen
7 Knoblauchpresse
15 Sparschäler
16 Löffelwaage
17 Kochlöffel
18 Schneebesen
19 Küchenmesser
20 Brotmesser
21 Pfannenwender
22 Schöpflöffel
23 Nudelholz

4 Simmerring: zum Backen von Kuchen in der Pfanne. Der Ring verteilt bei einer Gasflamme die Hitze unter der Pfanne gleichmäßiger und verhindert ein Anbrennen in der Mitte. Den gleichen Effekt gibt es beim Erhitzen von Milch in einem Topf, wenn der Simmering zwischen Gasflamme und Topf platziert wird.

8 Waffeleisen

9 Gasbrenner: hilfreich zum Schmelzen von Käse auf der Pizza, dem Auflauf oder einfach auf Brot und zum Schmelzen und Karamellisieren von Zucker auf Süßspeisen.

10 French Press Kaffeekanne

11 Infrarot-Thermometer zum Messen der Temperatur der Pfanne

12 Spätzlemaker

13 Stabmixer mit Aufsätzen und Zerkleinerer: Ein leistungsstarker Mixer ist in jeder Küche unersetzlich zum Pürieren von Suppen, Saucen und für die Herstellung von Milchmischgetränken und Eis. Mit speziellen Aufsätzen, wie zum Beispiel einer Schlagscheibe, kann mit dem Stabmixer auch Sahne oder Eiweiß steif geschlagen werden. Ein Zerkleinerer als Zubehör ermöglicht die Herstellung von Kichererbsenmehl, Puderzucker, Paniermehl. Gewürze können gemahlen und Gemüse zerkleinert werden.

14 Thermometer mit externem Temperaturfühler zum Messen des Frittierfettes

Der perfekte Vorrat

Diese Vorratsliste bietet Ihnen eine gute Grundlage für die Bevorratung ungekühlter Lebensmittel. Damit können Sie unterwegs viele leckere Gerichte kochen und brauchen den Proviant nur noch mit Frischem zu ergänzen.

Knäckebrot
Tortilla-Fladen
Roggenmehl
Weizenmehl
Semmelbrösel / Paniermehl
Speisestärke
Natron
Backpulver
Trockenhefe
Haferflocken / Müsli

Reis: Langkorn und Rundkorn
Linsen
Kichererbsen
getrocknete Bohnen
Nudeln

Olivenöl
Rapsöl
Sonnenblumenöl

H-Milch
Sprühsahne
süße Sahne (Tetrapak)
Sahnesteif

Kaffee
Tee
Backkakao

Gewürze: Pfefferkörner, Salz, Paprikapulver, Kreuzkümmel, Nelkenpulver, Lorbeerblätter, Muskat, Kurkuma, Curry, Zimt, Koriander, Cayennepfeffer, Oregano, Majoran, Thymian, Basilikum, Rosmarin

Zucker
Gemüsebrühe
Knoblauch

Rumaroma
Vanilleextrakt

Tomatenmark
Tafelessig
Balsamicoessig
Sojasauce
Senf
Zitronensaft
passierte Tomaten

Schokoladen-Sesam-Aufstrich

Für alle Fans von weißer Schokolade und alle, denen herkömmliche Nuss-Cremes zu langweilig sind: Eine himmlisch-cremige Kombination aus weißer Schokolade mit nussigem Röst-Aroma, die Kindern und Erwachsenen schmeckt.

Die weiße Schokolade zerkleinern, zusammen mit der Butter und der Milch in einen Topf geben und bei mittlerer Hitze unter ständigem Rühren langsam erwärmen. Ist die Schokolade geschmolzen und hat sich alles gut verbunden, die Masse in ein sauberes Marmeladenglas geben und abkühlen lassen. Sobald der Aufstrich Zimmertempertur erreicht hat, 3 EL Sesam in der Pfanne behutsam unter ständigem Rühren anrösten und unter die Creme rühren. Den Schokoladenaufstrich im Kühlschrank für 12 Stunden fest werden lassen.

Sie werden diesen Aufstrich lieben! Er macht sich nicht nur hervorragend auf Ihrem Frühstücksbrot, sondern auch auf Keksen oder kleinen Kuchen zum Kaffee.

ZUTATEN

200g	weiße Schokolade
50g	Butter
80ml	Milch
3EL	Sesam

Eingelegte Rote

ZUTATEN

800g	rote Bete
250ml	Wasser
180g	Tafelessig
2	Lorbeerblätter
2	Prisen Salz
80g	Zucker

Frische Rote-Bete-Knollen finden Sie an vielen Orten der Erde. Aber süß-sauer eingelegt gibt es die roten Rüben nur in wenigen Ländern. Also: selber machen heißt die Devise! Das geht einfacher als Sie denken.

HINWEIS: Rote Bete färbt. Die rote Farbe verschwindet aber nach drei bis viermaligem Händewaschen wieder.

Die Rote Bete waschen und wenn noch Blätter und Stiele vorhanden sind, diese entfernen, ohne die Knollen selber anzuschneiden. Die kompletten Knollen ungeschält in einen Topf geben und mit Wasser füllen, so dass alles gut bedeckt ist. Für circa eine Stunde die roten Rüben weich kochen. Auskühlen lassen.

Die Haut lässt sich nun ganz leicht von den Knollen abziehen. Die Rote Bete in mundgerechte Stücke schneiden und in Gläser oder einen Plastikbehälter füllen.

Das Wasser zusammen mit dem Essig, den Lorbeerblättern, Salz und Zucker aufkochen und über die Stücke geben. Fest verschließen und für circa 12 Stunden durchziehen lassen.

Genießen Sie die Roten Rüben pur oder als Salat. Lecker!

Beete

14

Eingelegte Paprika

Antipasti können Sie aus vielen Gemüsesorten herstellen, die Ihnen der lokale Markt Ihres Urlaubsortes gerade bietet. Rote Paprika und Auberginen finden sich immer, alternativ können Sie zum Beispiel auch Zucchini oder Zwiebeln verwenden. Antipasti machen sich hervorragend zu frischem Brot oder sogar als Belag für eine Pizza.

ZUTATEN

FÜR EIN 350ML GLAS

3 große, rote Paprika
2 Knoblauchzehen
1 EL Oregano
1 EL Majoran
2 Prisen Salz
   gutes Olivenöl

Die Paprika waschen, vom Stiel und den Kernen befreien und in 5x5 Zentimeter große Stücke schneiden. Die Knoblauchzehen in dünne Scheiben schneiden.
Olivenöl in einer Pfanne erhitzen und darin die Paprikastücke von beiden Seiten scharf anbraten.
In einem Schraubglas nun Paprika, Knoblauchscheiben, Kräuter und Salz abwechselnd schichten und mit dem Olivenöl randvoll auffüllen.

...oder mit Aubergine

ZUTATEN

FÜR EIN 350ML GLAS

1 große Aubergine
2 Knoblauchzehen
1 EL Oregano
3 Prisen Salz
   gutes Olivenöl

Die Aubergine putzen und längs in 5 Millimeter dünne Scheiben schneiden. Diese in einer flachen Plastikdose mit Deckel für circa zwei Stunden in Olivenöl einlegen.

Die Knoblauchzehen putzen und in dünne Scheiben schneiden.

Eine Pfanne stark erhitzen, die Auberginenscheiben etwas abtropfen lassen und dann scharf von beiden Seiten anbraten.
In einem Schraubglas die fertigen Auberginenscheiben mit dem Knoblauch, dem Salz und den Kräutern abwechselnd schichten und das übrige Öl aufgießen, bis das Glas randvoll ist. Für 24 Stunden im Kühlschrank ziehen lassen.

Majonnaise

Mayonnaise auf Reisen ist so eine Sache: meist benötigen Sie nur kleine Portionen, anschließend blockiert ein geöffnetes Glas den wertvollen Platz im Kühlschrank. Die Vorteile des Selbermachens liegen also auf der Hand: Sie haben immer die Mayonnaise nach Ihrem Geschmack und stellen die Menge her, die Sie gerade benötigen: für Ihre Pommes Frites, den Nudelsalat oder Sandwich. Eine selbst gemachte Mayonnaise besteht nur aus wenigen Zutaten, die Sie meist im Vorrat haben.

Das Ei, das Öl, den Senf und 1 EL Zitronensaft in einen schmalen, hohen Rührbecher geben und mit dem Stabmixer (wenn vorhanden: mit Schlagscheiben-Aufsatz) auf höchster Stufe vermixen. Den Rührbecher dann schräg halten und den Stabmixer langsam nach oben ziehen, bis sich alles gut vermischt hat und die gewünschte Festigkeit erreicht ist.

Mit Salz, Pfeffer und Zitronensaft abschmecken.

Die Mayonnaise lässt sich ganz einfach zu einer sehr leckeren Knoblauchcreme abwandeln:

Einfach vier bis sechs Knoblauchzehen (je nach gewünschter Geschmacksintensität) hineinpressen und untermischen. Die Creme sollte vor dem Servieren zwei Stunden im Kühlschrank durchgezogen sein! Sie macht sich nicht nur gut als Sandwichcreme sondern auch zu jungen Pellkartoffeln.

Für die Zubereitung können Sie auch den normalen Messer-Aufsatz Ihres Stabmixers oder sogar einen einfachen Schneebesen verwenden. Je kräftiger Sie mixen, desto fester wird Ihre Mayonnaise.

So leicht geht das!

ZUTATEN

FÜR CIRCA 250G:

1	frisches Ei
200g	Sonnenblumenöl
1 EL	Senf
2-3 EL	Instant-Zitronensaft oder Saft einer kleinen Zitrone
	Salz
	Pfeffer

ZUTATEN

150g Aubergine
1 TL Zitronensaft
2 EL Olivenöl
1 EL Sesam, geröstet
1 kräftige Prise Salz
1 TL Cumin (Kreuzkümmel)

Auberginen-Cremé

Dieser Auberginen-Aufstrich ist ein Beispiel, wie sie Brotbeläge ganz einfach selbst herstellen können – mit den Produkten, die Ihnen unterwegs zur Verfügung stehen. Dieses würzige Rezept ist vom orientalischen Baba Ganoush inspiriert, die Herstellung aber für die mobile Küche etwas vereinfacht.

Die Aubergine waschen, putzen, in kleine Stücke schneiden und diese mit etwas Olivenöl in einer Pfanne scharf anbraten.
Die Auberginenstücke zusammen mit den restlichen Zutaten in einen schmalen Rührbecher geben und alles mit dem Stabmixer gut durchpürieren, bis eine geschmeidige Masse entsteht. Am Ende eventuell mit etwas Zitronensaft abschmecken – der Aufstrich soll eine leicht säuerliche Note haben.

Der Auberginenaufstrich passt hervorragend zu dunklem und weißem Brot, aber auch zu Pellkartoffeln oder als Füllung im Ei.

Holen Sie Ihren Stabmixer raus und pürieren Sie los!

Fetakäse einzulegen gibt ihm nicht nur ein wunderbares mediterranes Aroma, sondern verlängert auch dessen Haltbarkeit. Und es geht so einfach!

Den Fetakäse in 2x2 Zentimeter große Würfel schneiden. Die Knoblauchzehe schälen und in dünne Scheiben schneiden. Die Chilischote und die Rosmarinnadeln grob mit den Fingern zerbröseln.
Alles zusammen, bis auf das Olivenöl, in einer Schüssel vermischen und in ein heiß ausgewaschenes Marmeladenglas füllen. Das Olivenöl randvoll eingießen, sodass der Käse komplett bedeckt ist.
Den Deckel fest verschließen und für eine Woche im Kühlschrank gut durchziehen lassen.

ZUTATEN
FÜR EIN GLAS (350ML)

200g	Fetakäse
1	getrocknete Chilischote
1	Knoblauchzehe
1/2 TL	Pfeffer, frisch gemahlen
1/2 TL	Rosmarinnadeln
gutes Olivenöl	

Genießen Sie diese mediterrane Köstlichkeit zusammen mit einem guten Weißbrot oder in einem frischen Tomatensalat.

Eingelegter Fetakäse

Linsenaufstrich

70g	getrocknete Linsen = 200g gekocht
1 Msp.	Natron
40g	Zwiebel
1EL	Olivenöl
1	kleine Knoblauchzehe
1	gehäufter EL Majoran
1 TL	Gemüsebrühe-Pulver
1/2 TL	süßes Paprikapulver
1TL	Sojasauce
Muskatnuss	
Salz	
Pfeffer	

Aufstriche aus Hülsenfrüchten sind ideal für das Reisen im Wohnmobil: die getrockneten Früchte lassen sich unkompliziert lagern und sind auf der ganzen Welt verbreitet.
Dieser würzige Linsenaufstrich ist deshalb die perfekte Zutat für eine zünftige Globetrotter-Brotzeit.

Die angegebene Menge ist ausreichend für ein kleines Glas, denn der Aufstrich sollte innerhalb einer Woche aufgebraucht sein.

Die Linsen werden mit reichlich Wasser und dem Natron für circa 30 Minuten gekocht, bis sie weich sind.
Die Zwiebel wird in kleine Würfel geschnitten und in einem EL Olivenöl angedünstet.
Dann die Linsen und die Zwiebeln zusammen mit den restlichen Zutaten pürieren, bis sich alles gut vermischt hat und eine cremige Masse entstanden ist. Den fertigen Aufstrich im Kühlschrank aufbewahren.

HINWEIS: Die Zwiebeln müssen unbedingt angedünstet werden! Wird der Aufstrich mit rohen Zwiebeln hergestellt, schmeckt er bitter!

Am besten passt der Linsenaufstrich auf dunkles Brot, garniert mit einer Gewürzgurke. Er macht sich aber auch gut in Begleitung junger Pellkartoffeln.

Lust auf Spanien? Lust auf Erfrischendes?
Dann gibt es heute Gazpacho – eine spanische,
kalte und würzige Suppe.

Bereiten Sie die Suppe am besten schon am Morgen
zu, um sie zum Mittagessen direkt aus dem Kühlschrank zu servieren – das richtige Mahl bei heißen
Temperaturen.

Das Gemüse waschen, putzen und klein schneiden.
Alles zusammen mit dem Pürierer gut durchmixen
und abschmecken. Bis zum Servieren im Kühlschrank
aufbewahren.

Die Gazpacho nochmals abschmecken, auf dieTeller
verteilen und mit frischen Kräutern servieren.

Wunderbar variieren können Sie Ihre Gazpacho
auch mit frischem Koriander oder ein wenig
scharfer Cilipaste. Reichen Sie am besten
frisches Weißbrot dazu.

ZUTATEN

FÜR 2-3 PORTIONEN:

150ml	Wasser
1	große Salatgurke = 350g
4	große, reife Tomaten = 400g
1	grüne Paprikaschoten = 100g
1	rote Paprikaschoten = 100g
1/2	Knoblauchzehe
4 EL	Balsamico-Essig
22g	Olivenöl

frische Petersilie zur Dekoration
Zucker
Salz
Pfeffer

Gazpacho

ZUTATEN

FÜR 16 EIER-VIERTEL

4	Eier
2 TL	Tomatenmark
1 TL	Senf
1 TL	Frischkäse
	Pfeffer
	Salz
	Oregano
	Knoblauchöl
	frische Petersilie

Gefüllte Eier

Der Partyklassiker schlechthin! Sehr einfach hergestellt, wahnsinnig viele Variationsmöglichkeiten und ein fantastischer Geschmack. Werden Sie kreativ!

Die Eier kochen, bis sie hart sind. Unter kaltem Wasser abschrecken und auskühlen lassen.
Die Eierschale entfernen und die Eier mit einem scharfen Messer längs in Viertel schneiden.
Das Eigelb entfernen und zwei Eigelb in jeweils einer Schüssel für zwei verschiedene Füllungen sammeln.

1. Füllung: Das Eigelb mit 2 TL Tomatenmark, einer kleinen Prise Oregano und 1/2 TL Knoblauchöl glatt rühren. Mit Pfeffer und Salz abschmecken.

2. Füllung: Das Eigelb mit 1 TL Senf und 1 TL Frischkäse glatt rühren. Mit Pfeffer und Salz abschmecken.

Befüllen Sie nun mit einem Teelöffel je acht Eier-Viertel und dekorieren jedes Viertel mit einem Blatt Petersilie.

Lassen Sie bei den Füllungen Ihrer Kreativität freien Lauf. Sie können das Eigelb auch mit etwas von der Auberginencreme auf Seite 18 vermischen.

27

ZUTATEN

für 10 Brötchen
500g   Weizenmehl
1 Tüte   Trockenhefe
1,5 TL   Salz
350ml   Wasser

Mit diesem Rezept bekommen Sie die Anleitung, wie Sie – wann immer Sie wollen und wo immer sie wollen – aus nur vier Zutaten frische, fluffig weiche Frühstücksbrötchen zaubern können. Interessiert? Bitteschön:

AM VORABEND:

Das Mehl mit Hefe und Salz in einer großen Schüssel vermischen. Das Wasser lauwarm erhitzen und mit der Mehlmischung zu einem homogenen Teig verkneten. Wie immer bei einem Hefeteig: je länger dieser geknetet wird, desto besser wird er!

Den Teigkloß in eine große Schüssel mit Deckel geben und über Nacht im Kühlschrank zwölf Stunden gehen lassen.

Am nächsten Morgen die Omnia-Backform großzügig einfetten und mit Mehl ausstreuen. Mit bemehlten Händen den Teig in zehn Stücke teilen, diese rund formen und nebeneinander in die Omnia-Form setzen. Wenn Zeit ist, die Teigstücke für 20 bis 30 Minuten gehen lassen, dann werden sie noch fluffiger.

Den Omnia-Backofen auf den Herd stellen. Die Brötchen auf größter Flamme für zwei Minuten anheizen und dann auf kleinster Flamme für 30 Minuten backen.

Der Duft von warmen Brötchen – wer bleibt da schon im Bett liegen?

Brötchen

ZUTATEN

FÜR DEN OMNIA-BACKOFEN

250g   Roggenmehl
250g   Weizenmehl
3,5g   = 1/2 Tütchen Trockenhefe
10g   Salz
350ml Wasser

30

Roggenbrot

Ein frisches, dunkles Mischbrot ist einfach köstlich! Aber anscheinend haben die Deutschen die Kunst des Schwarzbrot-Backens für sich gepachtet - an keinem Ort der Welt schmeckt das Brot so gut wie in Deutschland! Wenn Sie also genug vom weißen Brot mit viel Luft und wenig Geschmack haben, backen Sie dieses Roggenbrot! Es ist wirklich nicht kompliziert, geht schnell und schmeckt einfach wunderbar - auch noch Tage später! Probieren Sie es aus!

Das Wasser wird nur lauwarm erhitzt - auf keinen Fall wärmer!

Die Omnia-Backform muss gut eingefettet und mit wenig Mehl ausgestreut werden. So kommt das fertige Brot am Ende ganz alleine aus der Form.

Die Mehle mit der Hefe und dem Salz vermischen und alles zusammen mit dem lauwarmen Wasser verrühren. Das geht am besten mit einer Gabel. Nun muss der Teig geknetet werden, entweder mit einer Gabel oder einem Holzlöffel und guten Armmuskeln oder mit den Knethaken vom Handmixer. Es dauert ca. 10 Minuten, bis ein geschmeidiger und formbarer Teig entstanden ist. Länger kneten ist immer gut!

Der Teig wird nun zu einem ca. 30cm langen Strang geformt und in die Omnia-Form gegeben. Den roten Deckel auf die Form setzen und den Teig für ca. 2 Stunden gehen lassen. Am besten und schnellsten tut er dies an einem warmen, zugfreien Ort im Wohnmobil. Im Bett, im Alkoven oder in der Ablage unter dem Dach - da ist meist der wärmste Ort.

Das Brot schmeckt noch besser, wenn der Teig langsam über Nacht geht. Dazu muss ein kühler Ort im Wohnmobil gefunden werden: je nach Jahreszeit und Nachttemperatur steht er auf dem Tisch oder vorne im Fahrerhaus oder in der Heckgarage. Wenn es im Wohnmobil zu warm ist, einfach den Teig über Nacht in den Kühlschrank stellen. Dann sollte er am Morgen noch für 1-2 Stunden Zimmertemperatur annehmen.

Wenn der Teig gut aufgegangen ist und sich mindestens verdoppelt hat, kommt der Omnia-Ofen mit dem schwarzen unteren Ring auf den Herd. Auf der größten Flamme wird das Roggenbrot für 2 Minuten angeheizt und dann auf der kleinsten Flamme für 60 Minuten fertig gebacken.

Danach das Brot in den roten Deckel stürzen. Wenn es sich beim Klopfen auf der Unterseite hohl anhört, ist das Roggenbrot durchgebacken. Dieses dann am besten auf einem Kuchengitter (oder auf einem sauberen Grillrost) auskühlen lassen. Kommt das warme Brot auf einen Teller oder ein Holzbrettchen zum Auskühlen, bildet sich am Boden Kondenswasser und es wird feucht. Das ist keine Katastrophe, aber besser ist es ohne.

Nun haben Sie ein wirklich leckeres Roggenbrot einfach im Wohnmobil gebacken - egal, wo Sie gerade sind!

Tortilla-Fladen sind ein gutes Beispiel dafür, dass Sie viele Lebensmittel zu einem viel günstigeren Preis selbst herstellen können, als diese im Handel angeboten werden. Weizen-Tortillas sind ein passender Ersatz für Brot und lassen sich mit vielfältigen Zutaten zu einem leckeren Hauptgericht kombinieren. Zudem sind sie einfach in der Herstellung, sie brauchen dafür keinen Ofen, es genügt eine Pfanne.

In der amerikanisch-mexikanischen Küche spielen Tortilla-Fladen schon immer eine große Rolle. Burritos, Enchiladas, Quesadillas werden aus den Fladen hergestellt. In Deutschland sind sie vor allem als Wraps zu Ruhm und Ehre gekommen.

Mehl, Salz und Backpulver in einer Schüssel mischen. Die Butter/Margarine in kleine Stücke schneiden, zum Mehl geben und mit den Händen zu einer feinbröseligen Masse vermischen. Nach und nach das lauwarme Wasser gut unterkneten, bis ein geschmeidiger, weicher Teig entstanden ist. Diesen für eine Stunde abgedeckt ruhen lassen.

Aus dem Teig nun 14 Kugeln formen, jede 80-90g schwer und die Teiglinge nochmals 20-30 Minuten ruhen lassen. Mit einem Nudelholz die Kugeln fünf Millimeter dick auf 20 bis 23 Zentimeter Durchmesser fladenförmig ausrollen.
Die Pfanne vorheizen und auf mittlerer bis hoher Stufe die Fladen von jeder Seite für 30 Sekunden backen. Wenn dabei Blasen entstehen, diese einfach mit dem Pfannenwender herunter drücken. Vorsicht: immer neben der Pfanne stehen bleiben, da die Fladen schnell anbrennen.

Die fertigen Weizen-Tortilla-Fladen einfach übereinander stapeln, dann bleiben sie warm und weich und trocknen nicht aus, bis die restlichen fertig gebacken sind.

Die Fladen bleiben für mindestens 1 Woche im Kühlschrank haltbar. In der Pfanne sind sie fix erwärmt und somit haben Sie die Tortilla-Fladen immer für ein schnelles Essen parat. Wie Sie damit nun mexikanische Burritos und Wraps herstellen könne, erfahren Sie auf den folgenden Seiten.

Weizen Tortilla

ZUTATEN

FÜR 14 STÜCK

720g Weizenmehl
165g Butter oder Backmargarine
3/4 TL Backpulver
2 Prisen Salz
380g lauwarmes Wasser

33

Burrito

Ganz unkompliziert entsteht aus Weizenmehl-Tortillas ein typisch mexikanisches Gericht: mit einer köstlich-scharfen Bohnenmischung, frischem Salat und Schmand! Wenn Sie das alles zusammen in einen Tortilla-Fladen wickeln, halten Sie einen leckeren Burrito in der Hand. Viva Mexiko!

ZUTATEN

FÜR DAS BOHNEN-CHILI:

500g	weiße Bohnen, getrocknet
1 Msp.	Natron
100g	passierte Tomaten
3 EL	Soyasauce
2	Knoblauchzehen
	Cayennepfeffer
	Salz

FÜR DIE BURRITO-FÜLLUNG:

Tomaten
Eisbergsalat
Schmand

Die Bohnen für mindestens zwölf Stunden einweichen. Mit frischem Wasser und dem Natron in circa 45 Minuten weich kochen. Das Wasser abgießen.

Passierte Tomaten, Soyasauce und die gepressten Knoblauchzehen unterrühren und mit Salz und Ceyennepfeffer abschmecken.

Einen Tortillafladen in einer Pfanne kurz erwärmen - so lässt er sich gut formen ohne zu zerbrechen.

Den Fladen auf den Teller legen und mit Schmand bestreichen. Ein Blatt Eisbergsalat und drei dünn geschnittene Tomatenscheiben darauflegen. 2-3 EL (150 Gramm) Bohnenmasse in die Mitte geben.

SO FALTET MAN EINEN BURRITO:
Den unteren Rand des Fladens zur Mitte falten. Mit beiden Händen rechts und links unter den Fladen fassen, die Daumen halten den unteren, gefalteten Rand. Und nun die Seiten ebenfalls zur Mitte umklappen, sodass eine nach oben offene Tasche entsteht.

Mit ein bisschen Übung wird Ihnen das gelingen!

ZUTATEN

FÜLLUNG FÜR 1 WRAP:

1 Blatt	(Eisberg) Salat
1/2	Tomate
1/4	Salatgurke
1/2	Möhre
1/4	rote, rohe Paprika

Kräuterfrischkäse
Feta
Pfeffer
Salz

Wraps sind unterwegs ein idealer Begleiter: Sie lassen sich sehr gut vorbereiten, ganz nach Ihren Wünschen befüllen und genießen, wo immer man gerade ist.
Die Tortilla-Fladen haben Sie bereits gebacken und so zaubern Sie im Handumdrehen einen leckeren Wrap:

Die Tomaten in dünne Scheiben und die Gurke, die Paprika und den Käse in Streifen schneiden. Die Möhre raspeln.
Den Tortilla-Fladen kurz in der Pfanne erwärmen, damit er sich geschmeidig biegen lässt und nicht reißt.
Diesen mit dem Frischkäse bestreichen und darauf das Salatblatt legen. Nun mit dem Gemüse und dem Käse füllen. Wichtig: nicht zu viel Füllung! Jetzt den Fladen fest einrollen und in der Mitte durchschneiden.

Sehr gut passen auch halbe Falafel (Seite 38) als Füllung für die Wraps.

Für unterwegs wickeln Sie Ihre Wraps am besten in Frischhaltefolie ein. So steht einem leckerem Picknick während einer ausgedehnten Wanderung nichts mehr im Wege!

Haben Sie schon weitere Ideen für andere Füllungen?

Wraps

Falafel

Mit einer großen Portion Kichererbsen geht es zu einem schnellen Ausflug in die arabische Welt: Bei diesem Rezept brauchen Sie die getrockneten Erbsen nur einweichen, püriert zu kleinen Kugeln formen und frittieren. Zusammen mit orientalischen Gewürzen und einem Joghurt-Minze-Dip ergibt das einen leckeren Snack.

Die Kichererbsen 12 bis 24 Stunden einweichen.

Diese dann portionsweise mit dem Stabmixer oder dem Zerkleinerer zu Mus verarbeiten.

Die Zwiebeln in winzig kleine Stücke schneiden, den Knoblauch pressen und mit den Gewürzen unter das Kichererbsenpüree rühren.

Nun von der Rohmasse jeweils etwa 15 Gramm abnehmen und mit den Händen zu kleinen Kugeln formen.

In einem Topf einen Liter Pflanzenöl auf 160 Grad erhitzen und die Falafel in dem heißen Öl goldbraun frittieren.

Die fertigen Kugeln auf Küchenpapier abtropfen lassen.

Als Beilage passt ein JOGHURT-MINZE-DIP:

Die Minzblättchen vom Stengel zupfen und klein hacken. Die Gurke in winzig kleine Stücke würfeln und zusammen mit der Minze in den Joghurt einrühren. Mit Cumin, Pfeffer und Salz abschmecken.

Sie können die Falafel auch in den Wraps von Seite 36 genießen! Die kleinen Kugeln sind sehr vielfältig und schmecken kalt und warm.

ZUTATEN

CIRCA 48 STÜCK

450g	getrocknete Kichererbsen
3	Zwiebeln
5	Knoblauchzehen
10g	Salz
4g	Koriander, getrocknet
4g	Cumin
4g	Curcuma
3g	Paprikapulver
6g	Currypulver

ZUTATEN

200g	Naturjoghurt
2	Stengel frische Minze
1	kleine Salatgurke
	Peffer
	Salz
	Cumin

Zwiebelsuppe

Auf nach Frankreich! Gerne mit dem mobilen Untersatz, aber es genügt auch, einen kulinarischen Ausflug in das Land der unbegrenzten Köstlichkeiten zu unternehmen. Mit dieser französischen Zwiebelsuppe gelingt Ihnen das ganz leicht.

Die Zwiebeln putzen, halbieren, in dünne Scheiben schneiden und diese in einem Topf mit der Butter/Margarine für etwa 30 Minuten garen, bis sie schön süß und leicht braun sind. Dabei hin und wieder umrühren, so dass sie nicht anbrennen.

Die Zwiebeln mit 2 EL Mehl bestäuben, umrühren und mit der Brühe auffüllen.
Die Suppe für 15 Minuten köcheln lassen, mit Salz und Peffer abschmecken.

Während die Suppe kocht, den Käse reiben und die Lötlampe bereitstellen.

Die Suppe auf zwei Teller oder Schalen verteilen, je drei Baguettescheiben daraufsetzen und den geriebenen Käse darüber streuen.

Mit einer Lötlampe nun vorsichtig den Käse zerlaufen lassen und sofort servieren.

Für stimmungsvolle Abende zu Zweit unterm Sternenhimmel: vive la France!

ZUTATEN

FÜR 2 PORTIONEN

500g	Zwiebeln
50g	Butter oder Margarine
800ml	Gemüsebrühe
2EL	Mehl
6	Baguettescheiben oder anderes Weißbrot
100g	Käse (z.B. Gouda)
	Salz
	Pfeffer

Linsencurry

ZUTATEN

FÜR 6 PORTIONEN

500g	Linsen, getrocknet
1 Msp.	Natron
360g	Zwiebel
20g	Ingwer
200ml	Kokosmilch
2 kl.	Kartoffeln
2	Möhren
5	Knoblauchzehen

GEWÜRZE:

2g	Cumin
5g	Currypulver
1g	Nelken, gemahlen
2g	Cayennepfeffer
2g	Safran
2g	Curcuma
4g	Paprikapulver
2g	Koriander, gemahlen
4g	Zimt
10g	Salz

Ein sehr schmackhaftes Curry aus getrockneten Linsen, die Sie immer in Ihrem Vorrat haben sollten. Das Gericht kann auch sehr gut für mehrere Tage im Voraus zubereitet werden – ideal, wenn einmal keine Zeit zum Kochen bleibt.

Die Linsen mit viel Wasser und einer Messerspitze Natron in einen Topf geben und in circa 30 Minuten weich kochen. Durch das Natron verringert sich die Kochzeit, die Hülsenfrüchte sind also schneller gar.

Die Möhren und die Kartoffeln schälen und in kleine Stücke schneiden.

Die Zwiebeln und den Ingwer putzen, würfeln und mit etwas Margarine in einem zweiten Topf anschwitzen. Die Gewürze (bis auf das Salz) hinzugeben und unter stetem Rühren für etwa eine Minute anrösten. Die Mischung mit Kokosmilch ablöschen.

Nun die Möhren und Kartoffeln hinzugeben und weich kochen.

Zum Schluss die Knoblauchzehen und das Salz einrühren und alles mit dem Stabmixer gut durchpürieren. Erst dann die weich gekochten Linsen mit der Kokossauce vermischen, nochmals erhitzen und zusammen mit Reis servieren. Ausgesprochen gut passt Basmatireis.
Wenn Sie Tomaten und Gurken vorrätig haben, reichen Sie zum Linsencurry einen einfachen, frischen Salat!

Lehnen Sie sich zurück und genießen die vielfältigen Aromen.

ZUTATEN

FÜR 3-4 PORTIONEN:

500g	gelbe und rote Paprika
150g	Zwiebeln
1/2	Bund frische Petersilie
4	Knoblauchzehen
3 EL	Balsamico-Essig

geriebener Parmesan
pro Person 100g Penne
(Trockengewicht)

Diese wunderbare Kombination aus süßen, geschmorten Paprika und frischer Petersilie wird Sie begeistern! Mit dem italienischen Paprikaragout als Beilage zu Nudeln haben Sie eine tolle Alternative zur immer gleichen Tomatensauce.

Die Paprika putzen und in 5x5 Millimeter kleine Stücke schneiden.

Olivenöl in eine Pfanne geben und die Paprikastücke darin mit Salz und Pfeffer für 15 Minuten auf kleiner bis mittlerer Hitze dünsten. Dabei den Deckel auf die Pfanne setzen.

In der Zwischenzeit die Zwiebeln ebenfalls in kleinste Stücke hacken und nach Ablauf der 15 Minuten zu den Paprika hinzugeben und alles für weitere 20 Minuten dünsten.

Wenn diese Zeit um ist, die gehackten Petersilienstängel und den gehackten Knoblauch hinzugeben. Diese für drei Minuten garen, dabei immer wieder rühren. Mit Salz und Pfeffer abschmecken und dann die 3 EL Balsamico-Essig unterrühren. Die Flamme ganz klein stellen und die Pasta zubereiten.

Ist die Pasta al dente, diese abgießen und dabei etwas Nudelwasser auffangen.

Die Nudeln zusammen mit der Peperonata, den gehackten Petersilienblättchen, etwas Olivenöl und Nudelwasser mischen und auf die Teller verteilen. Den geriebenen Parmesan darüber streuen und sofort servieren.

Sie können die Peperonata auch sehr gut mit Reis oder sogar Couscous kombinieren!

Peperonata

Blauschimmelkäse

und Birne

Edler Blauschimmelkäse in Kombination mit aromatischen Walnüssen und fruchtiger Birne: Pasta muss man nicht immer nur mit Tomatensoße essen...

Die Nudeln bissfest garen.

In der Zwischenzeit die Stärke mit 3 EL der Milch verrühren und die restliche Milch in einem Topf auf kleiner bis mittlerer Flamme erwärmen. Darin den Blauschimmelkäse und die Schmelzkäse-Ecken schmelzen, dabei immer wieder umrühren, damit nichts anbrennt.

Ist der Käse geschmolzen, die angerührte Stärkemischung hinzufügen und weiterrühren, bis die Sauce eindickt. Den Topf vom Herd nehmen.

Die Birnen entkernen und in 1x1 Zentimeter große Würfel schneiden. Eine Hälfte der Walnüsse grob hacken (nicht zu fein!) und die andere Hälfte in noch gröbere Stücke brechen.

Sind die Nudeln bissfest, diese auf zwei Teller verteilen. Die Käsesauce mit den Birnen und den gehackten Nüssen darübergeben und vermischen. Die grob zerbrochenen Walnusshälften als Dekoration darüber streuen.

Diese edle Komposition ist so simpel wie genial – probieren Sie es aus und lassen Sie es sich schmecken!

ZUTATEN

FÜR 2 PORTIONEN

120g	Blauschimmelkäse
150g	Milch
86g	Schmelzkäse (6 Ecken)
5g	Stärke
1	Birne (150g)
50g	Walnüsse
200g	Nudeln
	Pfeffer

Auberginen-Chutney

ZUTATEN

FÜR 2 PERSONEN

400g	Kartoffeln
10	Tomaten (=670g)
1	große oder
	2 kleine Auberginen (=320g)
4	mittelgroße Zwiebeln (=380g)
1	Knoblauchzehe
2	TL Tomatenmark

Auberginen und Tomaten passen sehr gut zusammen und geben eine geschmacksstarke Kombination! Diese mediterrane Sauce wird Sie begeistern.

Die Kartoffeln schälen und in Salzwasser weich kochen.

Die Tomaten in Stücke schneiden und in einem Topf für 20 Minuten köcheln lassen.

Die Zwiebeln und Auberginen in kleine Würfel schneiden, in einer Pfanne mit Olivenöl braun anbraten und dann zu den Tomaten geben. Mit dem Stabmixer durch das Gemüse gehen und je nach Wunsch stückiger oder feiner pürieren. Die Knoblauchzehe pressen und zusammen mit 2 TL Tomatenmark einrühren. Eventuell muss noch etwas Wasser hinzugegeben werden.

Die Sauce mit Zucker, Pfeffer, Salz und je 1 TL Oregano und Basilikum abschmecken, dann zusammen mit den Kartoffeln servieren.

Dieses leckere Chutney passt auch gut zu Nudeln, Reis oder Couscous!

Gratinierter Fenchel

Hier wird mit Lötlampe gekocht! In Scheiben geschnittener Fenchel, gratiniert mit Käse und würzigen Semmelbröseln, auf einem Spiegel aus fruchtiger Tomatensauce. Das feine Aroma des Fenchels macht aus diesem Gericht etwas ganz Besonderes.

Den Couscous mit 1 EL Olivenöl vermischen und die Gemüsebrühe aufkochen. Diese über den Couscous geben und für 15 Minuten quellen lassen.

Einen Liter Wasser zum Kochen bringen.
Den Fenchel waschen und von den Knollen oben das Grün abschneiden und vom Boden den Strunk entfernen. Die Fenchelknollen halbieren. Die Zitrone auspressen und den Saft zusammen mit einer Prise Salz zum Kochwasser geben. Die Fenchelhälften im Wasser für 15 Minuten garen. Währenddessen die Zwiebeln und die Knoblauchzehen in kleine Stücke würfeln und mit Olivenöl in einer Pfanne für 10 Minuten anschwitzen, bis sie weich sind. Das Fenchelgrün hacken und unter die Zwiebeln mischen. Die Semmelbrösel hinzufügen und leicht anbräunen lassen. Salzen und pfeffern. In der Zwischenzeit die gestückelte Tomatensauce erhitzen und den Käse in Scheiben schneiden.

Wenn der Fenchel fertig gegart ist, die Knollen in einen Zentimeter dicke Scheiben schneiden. Die heiße Tomatensauce auf zwei Tellern verteilen, die Fenchelscheiben daraufsetzen und mit Salz und Pfeffer bestreuen. Die Käsescheiben darüberlegen und mit der Lötlampe in schwenkenden Bewegungen immer wieder über den Käse gehen, sodass er schmilzt. Dabei aufpassen, dass er nicht anbrennt. Nun die Semmelbröselmischung auf die gratinierten Fenchelscheiben verteilen und den Couscous dazu reichen.

Das sieht nicht nur sehr gut aus, es wird Ihnen auch wunderbar schmecken!

ZUTATEN

FÜR 2 PERSONEN

100g	Couscous
1 EL	Olivenöl
200ml	Gemüsebrühe
2	Fenchelknollen mit Grün
1	Zitrone
200g	Tomatensauce, gestückelt
2	Knoblauchzehen
1	Zwiebel
3 EL	Semmelbrösel
200g	Käse

ZUTATEN

FÜR 1 PIZZA (Ø 28CM)

175g   Mehl
3,5g   Trockenhefe
1EL   Olivenöl
90g   Wasser
Salz

DER BELAG:

100g   passierte Tomaten
1 gr. Fleischtomate
200g   Mozzarella
Oregano
Pfeffer
Salz

52

Pfannen-Pizza

Für eine wirklich gute Pizza brauchen Sie keinen Ofen! Alles, was Sie benötigen ist ein Hefeteig, ein paar tolle Ideen für den Belag und ein paar Freunde für einen gelungenen Abend. Denn die Pizza aus der Pfanne schmeckt nicht nur zu Zweit sehr gut, sondern eignet sich auch immer für ein schönes Zusammensein in geselliger Runde, in der jeder beim Belegen einer neuen Pizza seiner Kreativität freien Lauf lassen kann!

Mehl, Hefe und Salz in einer großen Schüssel vermischen.

Das Wasser lauwarm erhitzen und zusammen mit dem Olivenöl unter Zuhilfenahme einer Gabel in die Mehlmischung rühren. Dann alles mit den Händen zu einem homogenen Teig kneten. Den Teigkloß für eine Stunde zugedeckt in der Schüssel an einem warmen Ort gehen lassen, bis er sein Volumen verdoppelt hat.

Die Arbeitsfläche bemehlen und den Teig auf Pfannengröße ausrollen oder mit der Hand zu einem Kreis walken.

Den trockenen Pfannenboden leicht bemehlen und den Pizzafladen hineinlegen.

Für den Belag die passierten Tomaten in einem Topf erhitzen und für circa fünf Minuten köcheln lassen. Mit Oregano, Pfeffer und Salz abschmecken.

Die Pfanne auf den Herd stellen und den Pizzafladen für drei Minuten auf höchster Flamme anbacken. Dann den Herd auf die kleinste Stufe stellen, den Pizzaboden wenden und mit der Sauce bestreichen.

Die Tomaten und den Mozzarella in dünne Scheiben schneiden und auf der Pizza verteilen.
Nun den Deckel auf die Pfanne setzen und die Pizza für 10 bis 15 Minuten backen. Nach circa acht Minuten den Boden der Pizza kontrollieren, sodass er nicht anbrennt! Sollte der Käse noch nicht ausreichend geschmolzen sein, vorsichtig mit einer Lötlampe in weiten Bewegungen über die Pizza gehen und den Mozzarella schmelzen. Zum Schluss mit Oregano bestreuen.

Werden Sie kreativ und plündern Sie Ihren Vorratsschrank! Der Belag lässt Ihnen alle Möglichkeiten offen. Frisches Gemüse am besten vorher anbraten, denn das Gemüse wird auf der Pizza zwar warm, aber nicht vollständig durchgegart.

Wenn Sie eine Pizza-Party mit Gästen planen, bereiten Sie am besten verschiedene Belag-Zutaten vor und stellen diese in kleinen Schälchen wie bei einem Buffet auf einen separaten Tisch. So kann sich jeder Gast bedienen und seine Lieblingspizza kreieren.

53

Broccoli-Gratin

Diesen leckeren Klassiker können Sie sehr einfach im Omnia-Backofen kochen! Grüner Broccoli, vereint mit Kartoffeln und einer sämigen Bechamelsauce, gekrönt von geschmolzenem Käse – ein Klassiker, der immer wieder einfach lecker ist.

ZUTATEN

700g Broccoli
300g Kartoffeln
200g Käse
Salz
Muskatnuss

BECHAMELSAUCE:
400g Milch
30g Margarine
30g Mehl
1 Ei
Muskatnuss
Pfeffer
Salz

Die Kartoffeln schälen, längs halbieren und in zwei Zentimeter dicke Scheiben schneiden. In einem Topf mit Salzwasser bissfest kochen.

Den Broccoli sorgfältig putzen und in mittelgroße Röschen teilen. Die Stiel-Enden kreuzweise mit dem Messer einritzen. Den dicken Stiel würfeln. Den Broccoli in Wasser für circa zehn Minuten bissfest garen. Mit Salz und Muskat würzen.

Die Bechamelsauce zubereiten:
Dazu eine Mehlschwitze herstellen. Die Margarine im Topf schmelzen, das Mehl hinzufügen und unter stetem Rühren leicht anbraten, nicht bräunen! Mit der Milch ablöschen und aufkochen. Den Topf vom Herd nehmen und das Ei einrühren. Mit Salz, Pfeffer und Muskat abschmecken.

Nun den Omnia mit einer Schicht des Broccolis füllen - am besten mit den Stielstücken beginnen. Darauf die Kartoffelscheiben legen und dann die übrigen Broccoli-Röschen. Die Bechamelsauce darübergeben und als Abschluss den Gratin großzügig mit dem geriebenen Käse bestreuen.

Den Omnia-Backofen auf den Herd setzen und zwei Minuten auf höchster Flamme anheizen. Dann die Flamme auf die kleinste Stufe stellen und für 20 Minuten backen.

Genießen Sie den Boccoli-Gratin direkt aus der Backform oder servieren ihn auf einem Teller – ganz wie Sie mögen.

Röstzwiebeln

Die Zwiebel halbieren, in Scheiben schneiden, diese zu Streifen vereinzeln und mit Zucker und Salz vermischen. Nun die Zwiebeln für ca. 30 Minuten stehen lassen und dann das entstandene Wasser abgießen. Das Mehl hinzugeben und alles wieder gut vermischen, so dass viel Mehl an den Zwiebelstreifen kleben bleibt.

In einer Pfanne ein Zentimeter hoch Öl einfüllen und erhitzen. Das Öl sollte eine Temperatur von 110 Grad haben. Einen Teller mit Küchenpapier bereitstellen, auf dem die Röstzwiebeln später abtropfen können.

Nun die Zwiebeln hineingeben und goldbraun frittieren. Bitte aufpassen, dass sie nicht verbrennen! Die fertigen Röstzwiebeln aus der Pfanne holen und auf dem Küchenpapier abtropfen lassen. Die Zwiebeln schmecken auch schon ohne Spätzle sehr lecker!

ZUTATEN
FÜR EINE PORTION (80G)

1	Zwiebel = 140g (geputzt)
1 EL	Zucker
1 TL	Salz
3 EL	Mehl
	Pflanzenöl

Käsespätzle

Käsespätzle sind ein absolutes Wohlfühlessen. Wenn Sie in der Welt unterwegs sind und vielleicht gerade ein wenig Sehnsucht nach der Heimat haben, dann hilft eine Portion deftiger Käsespätzle, das Heimweh zu mildern.

ZUTATEN

FÜR 660G SPÄTZLE

3	Eier
100ml	Milch
30ml	Wasser
250g	Mehl
1/2 TL	Salz

KÄSESPÄTZLE

Dieses Rezept hält sich nicht an die genauen Vorgaben des Originals, da Spätzlemehl und Bergkäse nun wahrlich nicht in jedem Supermarkt weltweit vertreten sind. Was sollen Sie aber machen, wenn Sie unterwegs sind und Heißhunger auf Käsespätzle haben? Genau: improvisieren!

Zur Herstellung der Spätzle brauchen Sie den Spätzle-Shaker. Dieser besteht aus einem Plastik-Becher mit einem aufgeschraubten Löcher-Aufsatz und einem Deckel. In der Praxis hat es sich bewährt, den Spätzle-Shaker nur zum Spritzen des Teiges zu verwenden und den Teig vorher in einer normalen Rührschüssel zuzubereiten und ihn erst dann in den Spätzle-Shaker zu geben.

Alle Zutaten werden zusammen in einer Schüssel verrührt. Mit dem Holzlöffel wird der Teig dann geschlagen. Das heißt: Luft wird mit kräftigen Bewegungen untergehoben bis, der Teig glatt und geschmeidig ist. Einen großen Topf randvoll mit Wasser befüllen und zum Kochen bringen.

Währenddessen den Löcher-Aufsatz vom Spätzle-Shaker abschrauben, den Teig hineingießen und den Aufsatz wieder aufschrauben. Wenn das Wasser sprudelnd kocht, die Hitze nur ein wenig verringern, denn das Wasser soll die ganze Zeit über sieden. Den Spätzle-Shaker über den Topf halten, auf Kopf drehen und einmal kurz zusammen pressen. Der Teig wird durch die Löcher gedrückt und fließt in das kochende Wasser. Je länger gedrückt wird, desto länger werden die Spätzle!
Sind die Spätzle gar, kommen sie an die Wasseroberfläche. Nun können sie mit einem Schöpflöffel aus dem Wasser geholt werden und in einem Sieb abtropfen. So weiter verfahren, bis der ganze Teig aufgebraucht ist.

Die Spätzle können auch schon einen Tag vorher zubereitet werden. Ganz wichtiger Hinweis: Zum Abwaschen des Spätzleteiges von den gebrauchten Utensilien kaltes Wasser nutzen - dann löst sich der Teig am besten!

ZUTATEN

FÜR 3 PERSONEN

660g	gekochte Spätzle
80g	Röstzwiebeln
250g	reifen, pikanten Käse

FERTIGSTELLUNG DER KÄSESPÄTZLE

Den Käse reiben. Die Spätzle mit 210 Gramm Käse und 60 Gramm Röstzwiebel in einer großen Schüssel vermischen und alles in die Omnia-Backform geben. Obenauf den restlichen Käse und die übrigen Röstzwiebeln verteilen. Den Backofen mit Deckel und Unterteil auf den Herd stellen und die Käsespätzle für fünf Minuten auf höchster Flamme und dann für fünf Minuten auf niedrigster Flamme backen.
Der Käse ist nun wunderbar geschmolzen!

Stellen Sie die heiße Omnia-Form direkt in die Tischmitte, jeder bekommt eine große Gabel und läßt es sich schmecken! Sie werden sehen, das bisschen Heimweh ist wie weggeblasen!

Brotauflauf

ZUTATEN

200g	altbackenes Brot
3	Eier
150g	Milch
150g	Wasser
2	Auberginen
2	Zwiebeln
2-3	große Tomaten
3 EL	Tomatenmark
150g	Käse
	Kräuter der Provence
	Pfeffer
	Salz

Brotauflauf ist ein ideales Gericht um altbackenes Brot sinn- und geschmackvoll zu verarbeiten! Sie brauchen nur wenige Zutaten, die Sie kreativ variieren können - je nachdem, was Ihr Vorratsschrank hergibt!

Die Eier mit der Milch verquirlen und eine gute Prise Kräuter der Provence und je drei kräftigen Prisen vom frisch gemahlenen Pfeffer und Salz hinzugeben.
Das Brot so in Scheiben schneiden, dass es in die runde Omnia-Form übereinander gestapelt werden kann - wie bei einem Auflauf.

Das Brot in eine große, flache Form mit Rand legen und die Eier-Milch-Mischung darüber gießen. Stehen lassen bis sich die Brotscheiben gut voll gesogen haben – je nach Trockenheit des Brotes muss eventuell noch etwas Milch oder Wasser hinzugegeben werden.

Währenddessen die Zwiebeln und die Auberginen in dünne Scheiben schneiden und mit Öl in der Pfanne scharf anbraten.
Die Tomaten ebenfalls in Scheiben schneiden.

Nun wird geschichtet: Zuunterst kommt eine Lage der Tomaten, dann eine Schicht eingeweichtes Brot. Darauf 1 EL Tomatenmark verstreichen und dann mit Zwiebeln und Auberginen belegen. Je eine Prise Kräuter der Provence, Salz und Pfeffer darüberstreuen. Nun wieder die Tomatenscheiben darauf schichten, dann die Brotscheiben, das Gemüse und die Gewürze. So fortfahren bis das Brot aufgebraucht und die Form voll ist. Zum Abschluss den geriebenen Käse großzügig auf dem Auflauf verteilen.

Den kompletten Omnia-Backofen auf den Herd stellen. Für zwei Minuten auf der höchsten Flamme anheizen und dann den Brotauflauf für 30 Minuten auf kleinster Flamme backen.

Heben Sie den Deckel an, atmen kurz den würzigen Duft ein und servieren den Brotauflauf am besten direkt in der Omnia-Form: einfach in die Tischmitte stellen und jeden Esser mit einem großen Löffel bewaffnen.

63

Marokkanisches Omelette

Dieses schnell zubereitete Gericht bekommen Sie an den Imbissständen auf den Märkten Marokkos. Nachdem man Sie nach der Anzahl der gewünschten Eier gefragt hat, wird das Omelette auf offenem Feuer oder über einer Gasflamme in metallenen Tajine-Töpfen gegart und Ihnen zusammen mit frischem Fladenbrot an einem kleinen Tisch serviert.

Das Omelette ist relativ simpel, aber doch ganz anders. Denn Sie brauchen für die Zubereitung nur Tomaten, Zwiebeln, Öl, Salz und viel Cumin (Kreuzkümmel).

Die Zwiebeln und Tomaten in kleine Stücke schneiden. In einer Pfanne das Olivenöl erhitzen und die Zwiebeln glasig dünsten. Die Tomaten hinzu geben und für zehn Minuten einkochen lassen.

Mit viel Cumin, Salz und Pfeffer würzen. Die Masse gleichmässig über die gesamte Pfanne verteilen.
Den Herd auf große Hitze stellen. Jedes Ei einzeln in die Pfanne schlagen und das Eigelb mit dem Pfannenwender oder dem Kochlöffel etwas verziehen. Nicht rühren. Nochmals Salz und Cumin direkt auf die Eier geben, ohne die Gewürze unterzurühren, und das Ei durchstocken lassen. Durch die Flüssigkeit aus den Tomaten wird die Masse nicht komplett fest. Wichtig ist nur, dass die Eier gestockt sind.

Die Pfanne direkt auf den Tisch stellen und einen großen Schluck gutes Olivenöl darüber verteilen.

Servieren Sie zu dem marokkanischem Omelette frisches Weißbrot und essen Sie es mit einem großen Löffel direkt aus der Pfanne.
Guten Appetit!

ZUTATEN

FÜR 2 PERSONEN:

200g	Rundreis
250g	frische Pilze
	(oder 25g getrocknete Pilze)
1	(=70g) Zwiebel
2	Knoblauchzehen
80g	Parmesan oder anderer Hartkäse
2 EL	Margarine oder Butter
1 - 1.5L	Gemüsebrühe
Salz	
Pfeffer	

Sie sind im Herbst gerade unterwegs? Zur besten Pilzerntezeit? Sehr gut. Also auf in den nächsten Wald zum Pilze sammeln und ein Risotto daraus zaubern! In der Sahara verspricht die Pilzsuche keinen Erfolg? Dann kann man auf getrocknete Pilze zurückgreifen, denn die haben immer Saison und sind zudem sehr gut für die Vorratshaltung im Wohnmobil geeignet.

Bei Verwendung von getrockneten Pilzen: Diese circa 30 Minuten vor der Zubereitung mit reichlich warmer Gemüsebrühe übergießen. Die Einweichflüssigkeit später unbedingt bei der Zubereitung des Risottos nutzen!

Die Pilze in Stücke schneiden, die Zwiebel und die Knoblauchzehen in feine Würfel hacken. Die Gemüsebrühe in einem Topf zum Kochen bringen und für die gesamte Zubereitungsdauer auf kleinster Flamme köcheln lassen. Eine Kelle bereit legen.

1 EL Margarine oder Butter in der Pfanne schmelzen und die Zwiebelwürfel darin glasig dünsten. Die Pilze hinzugeben und für vier Minuten auf hoher Hitze unter ständigem Rühren angaren.

Den Knoblauch und den Reis hinzufügen und für eine Minute unterrühren. Mit einer Kelle der Gemüsebrühe ablöschen und die Hitze soweit reduzieren, dass es gerade so noch köchelt.

Sobald die Brühe verkocht ist, die nächste Kelle in den Reis einrühren. Immer nur soviel Flüssigkeit hinzufügen, dass die Reiskörner bedeckt sind. Der Reis sollte bei einem Risotto langsam garen, so wird die Stärke freigesetzt, die das Risotto so cremig macht.

Wenn die Flüssigkeit wieder verkocht ist, abermals eine Kelle Gemüsebrühe hinzufügen und unterrühren. So fortfahren, bis der Reis gar ist.

Den Herd ausstellen und zum Schluss 1 EL Margarine oder Butter und den geriebenen Käse in das Risotto einrühren und mit Salz und Pfeffer abschmecken.

Den Deckel auf die Pfanne setzen, das Risotto für zwei Minuten ruhen lassen und erst dann servieren.

Normalerweise gehört in ein richtiges Risotto Parmesankäse. Wenn Sie diesen unterwegs gerade nicht zur Hand haben, verwenden Sie einen anderen würzigen Käse. Das dürfte den italienischen Erfindern zwar gar nicht gefallen, aber in der mobilen Küche muss man eben kompromissbereit sein.

Ein echter italienischener Klassiker, der überall auf der Welt schmeckt. Auch in der Wüste.

Pilzrisotto

Schoko-Chili

Schokolade und Chili? Ganz sicher eine besondere Kombination, aber dunkle Schokolade in ein Bohnenchili einzurühren, ist wirklich außergewöhnlich. Man wird die Schokolade nicht direkt herausschmecken, aber sie rundet das Chili ab und macht es vollmundiger.

ZUTATEN

500g	getr. Bohnen
1	Msp. Natron
300g	Zwiebeln
5	Knoblauchzehen
500g	passierte Tomaten
50g	dunkle Schokolade
1 EL	= 5g Zitronensaft
2 EL	= 12g Sojasauce

GEWÜRZE:

4 TL	= 16g Kreuzkümmel
2 TL	= 6g Oregano
1 TL	= 4g Zimt
1 Msp.	= 0,5g Nelkenpulver
2 TL	= 3g Koriander
1 TL	= 2g Paprikapulver
1,5g	Cayennepfeffer

ZUM ABSCHMECKEN:

1TL	= 10g Salz
2TL	= 10g Zucker

Die Bohnen für 12-24 Stunden einweichen. Das Wasser abgießen und die Bohnen mit einer Messerspitze Natron in frischem Wasser weich kochen. Das dauert 30-60 Minuten.

Die Zwiebeln würfeln und mit Olivenöl in einem Topf anschwitzen.

Die Gewürze und den gepressten Knoblauch hinzugeben, kurz anrösten und mit 200 Milliliter Wasser ablöschen. Die passierten Tomaten unterrühren und alles für etwa fünf Minuten bei offenem Deckel köcheln lassen. Die Schokoladenstücke dazugeben und schmelzen lassen. Die Sojasauce, den Zitronensaft und die Bohnen ohne das Kochwasser unterrühren.

Je nach gewünschter Konsistenz Wasser hinzugießen.

Mit Salz und Zucker abschmecken und nochmals kurz aufkochen.

Servieren Sie das Schokochili mit Reis.

Bemerken Sie die dezente Schokoladennote ?

Bratäpfel

ZUTATEN

MENGE JE APFEL:

1   Stück Lieblings-Schokolade
1/2TL gemahlene Mandeln
5   Rosinen
1 TL Karamellsirup
Walnusshälften
Zimt

Bratäpfel passen eigentlich in jede Jahreszeit, denn die Füllungen können Sie nach Ihrem Wunsch variieren: der Fantasie sind keine Grenzen gesetzt.

Es passen sechs bis acht Äpfel in eine Omnia-Backform - Sie können natürlich auch weniger backen.

Einen Apfel mit einem Teelöffel vom Stielansatz her einstechen, das Kerngehäuse entfernen und den Apfel ein wenig aushöhlen.

In diese Vertiefung kommt ganz nach unten das Schokoladen-Stückchen, darauf 1/2 TL gemahlene Mandeln, etwas Zimt, dann die Rosinen. Es folgt 1 TL Karamell und zum Abschluss eine Walnusshälfte oder Mandeln oben drauf. Die gefüllten Äpfel reihum in den Omnia setzen und ab damit auf den Herd. Drei Minuten auf der höchsten Flamme, dann für 25 Minuten auf der kleinsten backen. Die Bratäpfel schmecken am besten noch warm mit viel Vanillesauce!

Hören Sie dieses leise Knistern? Riechen Sie diesen wunderbaren Duft der gebackenen Äpfel? Herrlich!

71

Waffeln

Frische Waffeln aus Ihrer Wohnmobilküche? Das funktioniert mit einem gusseisernen Waffeleisen. Damit können Sie die Waffeln auf der Gasflamme Ihres Herdes backen, auf dem Grill und sogar im Lagerfeuer! Ob die Waffeln dabei knusprig-kross oder soft und weich sein sollen, entscheiden Sie: hier sind zwei passende Rezepte.

KROSS:
Das Ei trennen, das Eiweiß steif schlagen und in den Kühlschrank stellen.
In einer großen Schüssel das Eigelb, den Zucker und die Butter schaumig mixen. Mehl, Stärke und Backpulver mischen und im Wechsel mit dem Sprudelwasser schrittweise unter die Ei-Zucker-Buttermasse rühren. Das Eiweiß unterheben.

WEICH:
Die Butter schmelzen und leicht abkühlen lassen.
Die Eier mit dem Zucker sehr schaumig rühren.
Das Mehl mit dem Backpulver mischen.

Unter stetem Rühren die Butter unter die Ei-Zucker-Mischung mixen und dann abwechselnd nach und nach Mehl und Milch hinzugeben und unterheben.

DAS AUSBACKEN DER WAFFELN:
Das Waffeleisen auf höchster Flamme auf 110-120 Grad vorheizen. Dabei immer wieder umdrehen, damit sich beide Seiten aufheizen. Immer mit einem Topf- oder Silikonhandschuh arbeiten - das Waffeleisen wird höllisch heiß!

Während des Vorheizens eine kleine Schüssel mit Pflanzenöl und Pinsel, ein Infrarot-Thermometer, Teigschüssel mit Schöpflöffel und eine Gabel zum Herausnehmen der Waffel bereit stellen. Dazu noch ein Teller oder Gitter zur Waffelablage.

Außerdem ein altes (Geschirr)-Tuch direkt neben dem Waffeleisen bereitlegen, um dort die obere Hälfte des Eisens nach dem Öffnen abzulegen.

Ist das Waffeleisen heiß genug, die Gasflamme auf mittlere Stufe stellen. Eine Hälfte aufklappen und auf das vorbereitete alte Geschirrtuch legen. Mit dem Pinsel wenig Öl auf beide Hälften streichen.

Vier gehäufte Esslöffel voll Teig auf das Eisen geben, verteilen, Deckel drauf, Waffeleisen drehen. Damit die Waffeln schön gleichmäßig durchbacken, das Eisen nun alle zwei Minuten wenden. Jede Waffel braucht etwa acht Minuten. Mit einer Gabel die fertige Waffel aus dem Waffeleisen holen und auf einem Gitter oder Teller ablegen. Mit den weiteren Waffeln genauso verfahren, bis der Teig komplett aufgebraucht ist.

Die Waffeln schmecken sehr lecker mit Puderzucker, oder auch dem Aufstrich aus weißer Schokolade von Seite 10.

Waffeln, die nicht gleich gegessen werden, können Sie später in der Pfanne einfach auftoasten - dann werden Sie wieder knusprig und schmecken wie frisch gebacken.

Nun: Ran an Ihr Waffeleisen!

ZUTATEN

FÜR 3 DICKE WAFFELN:

100g   weiche Butter
75g   Zucker
1   Ei
105g   Mehl
20g   Stärke
1 Msp. Backpulver
50ml   Wasser mit Kohlensäure
       (Alternativ: 1 Msp. Natron in
       50ml stillem Wasser auflösen)

ZUTATEN

FÜR 3 WEICHE WAFFELN:

2   Eier
60g   Zucker
60g   Butter
125g   Mehl
1TL   Backpulver
125g   Milch

73

Lassi ist ein leckeres Joghurt-Misch-Ge-tränk aus Indien. Die Varianten reichen von salzig über süß bis hin zu würzig! Der Mango-Lassi ist ganz sicher die le-ckerste Version und Sie können diesen ganz einfach mixen, denn alles was Sie brauchen ist Joghurt, Wasser und Mango. Achten Sie bitte darauf, dass die Mango auch wirklich reif ist: die Frucht gibt dann auf Fingerdruck leicht nach und hat einen süßlich-aromatischen Geruch!

Mango-Lassi

Die Mango zu beiden Seiten des Kerns auf-schneiden. Aus den zwei Mangohälften lässt sich das Fruchtfleisch am besten mit einem großen Esslöffel herauslösen. Das Fruchtfleisch vom Kern mit einem großen Messer trennen. Joghurt, Wasser und Mangofruchtfleisch in ei-nen Rührbecher geben und mit dem Stabmixer gründlich pürieren.
Auf zwei Gläser aufteilen und genießen!

Wenn es gerade sehr heiß ist, stellen Sie den Mango-Lassi vor dem Servieren für ein bis zwei Stunden in den Kühlschrank. Dann schmeckt er noch erfrischender!

ZUTATEN

FÜR 2 PORTIONEN

1	vollreife Mango
200g	Joghurt
100ml	Wasser

Wenn Sie unterwegs sind, werden Sie viele neue kulinarische Entdeckungen machen, besonders bei Obst und Gemüse. Avocados sind zwar in Deutschland bei Weitem nicht mehr unbekannt, allerdings ist deren Zubereitung jedoch immer recht einseitig.

Avocados haben einen zart-nussigen Geschmack, der viele köstliche Möglichkeiten der Verarbeitung vor allem zu Brotaufstrichen und Dips zulässt. Von pur über herzhaft, sauer bis hin zu süß. Ja, süß.

Bei diesem Rezept kommt die Avcado einmal nicht auf's Brot, sondern zusammen mit Milch ins Glas und wird so zur leckeren Erfrischung!

Avocadoshake

Achten Sie bitte darauf, dass die Avocado reif ist. Sie gibt dann auf Fingerdruck deutlich nach.

Die Avocado wird in der Mitte um den Kern herum aufgeschnitten, halbiert und der Kern entfernt. Mit einem Esslöffel kann das Fruchtfleisch ganz einfach aus der Schale herausgelöst werden. Dieses zusammen mit Milch und Zucker in ein hohes, schmales Gefäß geben und gut mit dem Stabmixer durchpürieren. Mit Zucker abschmecken und eventuell noch etwas Milch hinzufügen.

ZUTATEN

FÜR 2 PORTIONEN

1	große, reife Avocado = ca. 250g Fruchtfleisch
300ml	Milch
25g	Zucker

ZUTATEN

FÜR EINE PORTION:

12g Kaffeepulver mit normalem
Mahlgrad wie für die
Kaffeemaschine
60g Wasser

ZUTATEN

FÜR 1 PORTION:

10g Kaffeepulver
350ml Wasser

Bei diesem Rezept wird Eiskaffee nicht aus gekochtem und dann erkaltetem Kaffee hergestellt, sondern kalt extrahiert. Das hört sich erst einmal eigenartig an, aber funktioniert sehr gut!

Auf diese Weise werden dem Kaffeepulver 90% der Aromastoffe, aber 70% weniger Säure- und Bitterstoffe entzogen! Alles, was Sie für die Herstellung des Kaffeekonzentrates brauchen, sind Wasser, gutes Kaffeepulver und ein wenig Zeit, denn die Extrahierdauer beträgt 12 Stunden.

Das Kaffeepulver mit dem Wasser verrühren und abgedeckt für zwölf Stunden bei Zimmertemperatur stehen lassen.

Den Kaffee nun durch einen Filter oder ein feines Sieb abgießen.

Für einen Eiskaffee die doppelte Menge Wasser oder Milch hinzugeben (Verhältnis 1:3). Auf eine Menge von 60 Gramm Kaffee-Extrakt kommen 120 Gramm Flüssigkeit, sodass 180 Gramm kalter Kaffee entsteht. Je nach Belieben können natürlich Eiswürfel, eine Kugel Vanilleeis und Schlagsahne zugefügt werden.

Natürlich ist es auch möglich, größere Mengen im Voraus anzufertigen, denn der gewonnene Extrakt kann bis zu vierzehn Tage im Kühlschrank aufbewahrt werden.

Genießen Sie Ihren Eiskaffee!

Die Zubereitung von Kaffee in der French Press ist eine gute Alternative zur herkömmlichen Kaffeezubereitung mit einer Filtermaschine. Verwenden Sie in Ihrer mobilen Küche am besten eine unkaputtbare Kanne aus Polycarbonat - im Gegensatz zu einer Kanne aus Glas ist diese viel robuster!

Diese Methode garantiert einen wirklich guten und aromatischen Kaffee auch unterwegs.

Das Wasser zum Kochen bringen. Das Kaffeepulver in die French Press geben und mit 50 Milliliter nicht mehr kochendem Wasser übergießen. Mit einer Gabel umrühren. 30 Sekunden ziehen lassen. Restliches Wasser aufgießen, umrühren, zwei Minuten ziehen lassen. Mit der Gabel den Kaffee kräftig durchrühren und für eine Minute ziehen lassen.

Gabel einmal ganz leicht durch den Kaffee ziehen, eine Minute ziehen lassen. Nach insgesamt vier Minuten Ziehzeit den Stempel auf die Kanne setzen und langsam bis ganz nach unten drücken. So wird der Kaffeesatz von der Flüssigkeit getrennt und verbleibt auf dem Boden der Kanne.

Sie können die Stärke Ihres Kaffees über die Menge des Kaffeepulvers natürlich nach Ihrem Geschmack variieren.

Bemerken Sie den Unterschied zu herkömmlichem Filterkaffee?

Pfannen-Shortbread

Eine grandiose Idee: Sie können Kekse in der Pfanne backen! Ein paar Tricks und Kniffe – und schon kann es losgehen. Diese feinen, mürben Shortbread-Kekse aus England schmecken wunderbar buttrig und leicht salzig-süß.

Zucker und Salz mit der sehr weichen Margarine für 5-10 Minuten mit dem Mixer oder dem Schneebesen schaumig rühren, je länger desto besser. Das Mehl über die Butter sieben und alles mit einem Holzlöffel verrühren bis ein homogener Teig entstanden ist. Nicht kneten!
Den Teig mit den Händen einen Zentimeter hoch auf einem bemehlten Holzbrett andrücken und mit einem scharfen Messer in 10x2 Zentimeter große Streifen schneiden.
Die Pfanne mit Backpapier auskleiden. Mit einem großen Messer die Teigstreifen vom Brett in

die Pfanne befördern und jeden Streifen mehrmals mit einer Gabel einstechen. Je nach Größe der Pfanne die Kekse in mehreren Durchgängen backen.

Die Herdplatte auf die kleinste Einstellung drehen und die Pfanne mit dem Simmerring darauf stellen. Durch den Simmerring wird die Hitze am kompletten Pfannenboden verteilt und die Kekse werden gleichmäßig gebacken. Den Deckel auf die Pfanne setzen.
Die Kekse nun für 12 bis 14 Minuten backen und danach wenden. Dabei aufpassen, dass die Kekse

nicht zerbrechen, sie sind jetzt noch sehr weich. Die andere Seite für fünf Minuten backen. Jetzt aufpassen, dass die Kekse nicht dunkel werden: das Shortbread soll hell bleiben!

Die Pfanne vom Herd nehmen und die noch weichen Kekse auskühlen lassen.

Salzige Kekse zum Immer-Wieder-Knuspern!

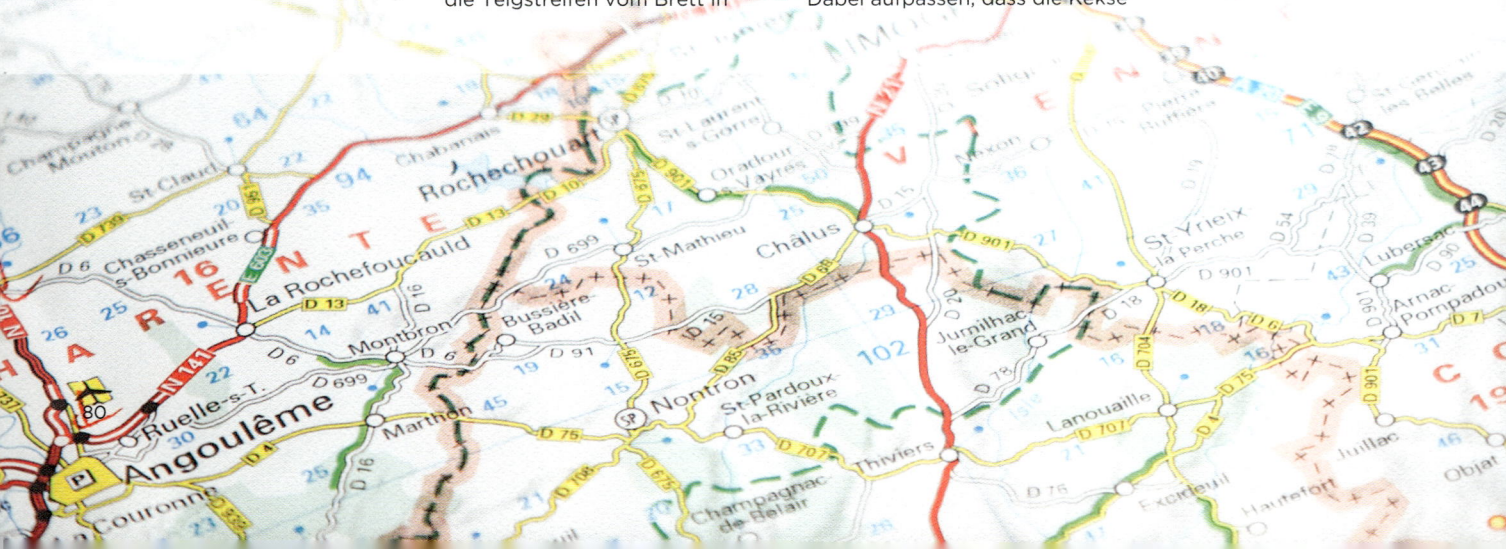

ZUTATEN

185g Weizenmehl
125g Margarine
60g   Zucker
Salz

Marmorkuchen

ZUTATEN

400g	Mehl
200g	Zucker
200g	Pflanzenöl
330ml	Milch
3	Eier
6g	Backpulver
2 TL	Vanillearoma
6 EL	löslicher Kaffee
2 EL	Backkakao

Heute wird Kuchen gebacken! Diesem klassischen Marmorkuchen haben wir mit ein paar Löffeln löslichem Kaffee ein ganz wunderbares Aroma verpasst. Ein kleiner Zusatz mit sehr großer Wirkung!

Den Kaffee in möglichst wenig Milch (1 EL) auflösen und beiseite stellen.

Die Eier mit dem Zucker für circa fünf Minuten schaumig rühren.

Das Planzenöl mit der Milch vermischen und in die Eimasse rühren. Mehl und Backpulver mischen und löffelweise unter die flüssigen Zutaten rühren, aber nur so lange, bis sich die Zutaten gerade so verbunden haben.

Die Hälfte des Teiges in eine separate Schüssel geben und den Backkakao und das aufgelöste Kaffeepulver einrühren. Zu der anderen Hälfte das Vanillearoma geben.

Die Omnia-Backform sorgfältig einfetten und mit Mehl ausstreuen. Nun zuerst den hellen Teig einfüllen, dann den dunklen. Mit einer Gabel einmal rundherum den dunklen Teig unter den hellen heben, damit eine schöne Mamorierung entsteht.
Den Omnia-Backofen zusammen mit Untersatz und Deckel auf den Herd stellen und für zwei Minuten auf höchster Flamme anheizen. Dann den Herd auf die kleinste Einstellung herunterdrehen und den Kuchen für 60 Minuten fertig backen.

Nach Ablauf dieser Zeit mit der Stäbchenprobe testen, ob der Marmokuchen durchgebacken ist: mit einem Holz- oder Metallstab an mehreren Stellen in den Kuchen stechen. Wenn kein Teig mehr am Stab klebt, ist der Backvorgang beendet.

Den Kaffee-Marmor-Kuchen kopfüber in den roten Deckel und dann auf einen Teller stürzen. Fertig!

Der Kuchen ist saftig aromatisch und schmeckt Ihnen auch noch nach einigen Tagen - sollte dann noch etwas davon übrig sein!

3   Eiweiße
1   Prise Salz
100g Puderzucker

Sie haben ein paar Eiweiße übrig und wissen nicht so recht, wie Sie diese verarbeiten sollen? In Ihrer Küche zu Hause würden Sie einfach Baiser daraus machen? Das können Sie in Ihrer mobilen Küche ohne Ofen auch! Mit dem Omnia-Backofen direkt auf Ihrem Herd.

Die Zubereitung ist denkbar einfach, das Baiser braucht nur etwas Zeit im Ofen, um durchzutrocknen.
Bitte haben Sie keine Bedenken wegen des Gasverbrauchs während des Trockenvorgangs - auf der kleinsten Flamme verbraucht der Herd wirklich wenig Gas. Und wenn es passt, trocknen Sie den Eischnee doch am Morgen oder Abend, wenn Sie sowieso die Heizung anstellen würden. Dann haben Sie keinen Mehrverbrauch an Gas.

Die Omnia-Backform sorgfältig mit Backpapier auskleiden.
Die drei Eiweiße in einen hohen Messbecher schütten, eine Prise Salz hinzufügen und mit dem Handmixer auf kleinster Stufe verrühren. Den Mixer dann auf die höchste Stufe schalten und das Eiweiß sehr steif schlagen, dabei nach und nach den Puderzucker hinzufügen. Das Eiweiß sollte am Ende glänzen und Spitzen haben. Diese Masse in eine Gebäckspritze füllen oder mit einem großen Löffel formschön in die Omnia-Backform geben.
Den Herd auf die kleinste Flamme stellen, den Simmerring auf die Flamme legen und darauf den kompletten Omnia-Backofen stellen. Das Baiser für drei Stunden trocknen lassen.

Der Baiser bekommt eine leichte, hellbraune Farbe. Die ideale Temperatur zum Trocknen von Eiweiß liegt bei 80 Grad, der Omnia-Ofen allerdings erreicht selbst mit Simmerring eine Temperatur von 105 Grad. Das schadet dem Geschmack der Baiser gar nicht, sie bleiben nur nicht blütenweiß.

Einfach pur genießen oder zusammen mit geschlagener Sahne und einer fruchtigen Sauce aus Erdbeeren!

Baiser

Zimtschnecken

Diese unglaublich leckeren Zimtschnecken können Sie in der Pfanne backen, Sie brauchen dafür keinen Ofen! Nur Ihre Pfanne, Backpapier und einen großen Appetit auf herrlich zimtige Hefeschnecken.

Das Besondere an diesem süßen Hefeteig ist der Anteil an Kartoffelpüree. Diese kleine Zutat macht den Hefeteig viel fluffiger.

Die Kartoffeln schälen und weich kochen. Dann mit einer Gabel zermatschen. In das noch warme Püree die 30 Gramm Butter untermischen, sodass sie schmilzt.
Nun zuerst die Milch und danach das Ei unterrühren.

Das Mehl mit der Trockenhefe und dem Zucker vermischen.

Die Milch-Kartoffel-Mischung zu den trockenen Zutaten geben und alles zu einem geschmeidigen Hefeteig verarbeiten. Zuerst mit der Gabel, danach mit den Händen. Wie immer: schön lange kneten, bis der Hefeteig richtig geschmeidig ist. Den Teig in einer abgedeckten Schüssel an einem warmen Ort für eine Stunde gehen lassen, bis sich das Volumen verdoppelt hat. Danach den Teig auf der leicht bemehlten Arbeitsfläche zwei Zentimeter dick ausrollen.

Die Butter zusammen mit dem Sirup in einem Topf schmelzen und auf den ausgerollten Teig streichen. Dabei am Rand jeweils einen Zentimeter frei lassen. Darauf Zimt und Zucker verteilen. Nun den Teig von der langen Seite her einrollen und in drei Zentimeter dicke Scheiben schneiden.

Eine Pfanne mit Backpapier auskleiden und die Zimtschnecken in die Pfanne legen: werden sie dicht an dicht gepackt, gehen sie nach oben auf; werden die Zimtschnecken eher locker in die Pfanne gelegt, gehen sie in die Breite - je nachdem wieviel Platz ist. Die Zimtschnecken nun nochmals 30 Minuten gehen lassen.

Die Pfanne mit Deckel auf den Herd stellen und die Zimtschnecken für 30 Minuten auf der kleinsten Flamme backen. Nach circa 20 Minuten kontrollieren, dass der Boden nicht zu dunkel wird!

Die Zimtschnecken vorsichtig voneinander trennen und am besten noch leicht warm genießen.

Mögen Sie den Duft von Zimt in Ihrer mobilen Küche genauso gern wie wir?

ZUTATEN

325g	Mehl
1/2	Tütchen Trockenhefe
60g	Kartoffeln für das Püree
30g	Butter
15g	Zucker
1	Ei
110ml	Milch

FÜR DIE FÜLLUNG:

1 EL	Karamellsirup
30g	Butter
2 EL	Zucker
1 EL	Zimt

Schoko-Pudding & Eis

Einen sehr leckeren Schokoladenpudding können Sie ganz ohne Fertig-Puddingpulver zubereiten. Schauen Sie mal auf die Inhaltsangabe einer solchen Verpackung: da ist nur Stärke und Aroma drin, Milch und Zucker müssen Sie ja selber hinzufügen. Wozu also diese Tütchen?

ZUTATEN
FÜR 4 PORTIONEN
200ml süße Sahne
300ml Milch
40g   Stärke
100g   Schokolade

Die Stärke mit 50 Milliliter der Milch verrühren.

Die Schokolade in Stücke brechen und zusammen mit der Sahne und der restlichen Milch in einem Topf schmelzen und zum Kochen bringen. Den Topf vom Herd nehmen und die Stärkemischung einrühren. Die Masse unter ständigem Rühren nochmals kurz erwärmen, bis sie zu Pudding eindickt.

In eine große Schale oder mehrere kleine Schälchen geben und Frischhaltefolie direkt auf den warmen Pudding legen – das verhindert die Haut-Bildung.

Sie haben nun einen wunderbaren Pudding, den Sie nach Belieben und Wetterlage warm, kalt und sogar eiskalt genießen können!

SCHOKOLADENEIS AUS SCHOKOPUDDING:
Dieses Eis ähnelt einem Parfait: die Konsistenz ist also eher fest als cremig und ist unterwegs der beste Eis-Ersatz aus eigener Herstellung!

Eine Kastenform aus Plastik oder Metall mit Frischhaltefolie auslegen und die noch warme Puddingmasse hineingießen. Die abgekühlte Masse erst in den Kühlschrank und nach circa zwei Stunden in das Gefrierfach stellen. Dort braucht der Pudding 12-24 Stunden (je nach Kühlleistung) um zu gefrieren.
Zehn Minuten vor dem Servieren die Kastenform aus dem Tiefkühlfach nehmen und antauen lassen. Dann auf ein Holzbrett oder flachen Teller stürzen - durch die Frischhaltefolie gelingt das ganz leicht. Die Folie abziehen und mit einem scharfen Messer das Eis in dicke Scheiben schneiden und servieren.

TIPP: Ein optisches und geschmackliches Highlight erreichen Sie, wenn Sie auf den erkalteten, aber noch nicht gefrorenen Pudding eine dicke Linie aus dunklem Schokosirup geben und diesen mit einer Gabel grob unter die Masse heben!

Stellen Sie Ihren Liegestuhl in die Sonne, nehmen Ihr Eis mit nach draußen und genießen den Moment!

Gebrannte Mandeln

ZUTATEN

- 200g süße Mandeln
- 200g Zucker
- 1TL Zimt
- 50ml Wasser

Sie sind zur Adventszeit gerade in südlichen Gefilden unterwegs? Bruzzeln in der Sonne Afrikas, genießen die Weite der Wüste oder den grandiosen Ausblick aufs Meer und trotzdem regt sich bei Ihnen ein Appetit auf weihnachtliche Genüsse? Hier bekommen Sie das Rezept zur Befriedigung Ihrer Lust!

Ein Backblech, eine große Pfanne oder Ähnliches mit Backpapier oder Alufolie auslegen.

Zucker, Zimt und Wasser in einem großen Topf zum Kochen bringen, Mandeln zugeben und unter Rühren weiterköcheln. Der Zucker wird zuerst trocken. Immer rühren, bis der Zucker wieder leicht zu schmelzen beginnt und die Mandeln glänzen.
Diese nun auf die mit Backpapier oder Alufolie ausgelegte Ablage geben. Zusammengeklebte Mandeln mit zwei Gabeln vereinzeln und abkühlen lassen.

Schütten Sie die gebrannten Mandeln stilecht in eine Papiertüte, und dann ab mit der Weihnachtsmarktspezialität hinaus in die Hängematte!

ZUTATEN

FÜR EINE PFANNE MIT
EINEM Ø VON 32CM

550g	Äpfel
250g	Mehl
14g	Zucker
1/2	Tüte Trockenhefe
50g	Kartoffelpüree
100ml	Milch
24g	Butter
1	Ei

92

Apfel-Hefekuchen

Sie haben gerade Lust auf einen leckeren Hefekuchen vom Blech, aber keinen Ofen in Ihrer mobilen Küche? Kein Problem: Eine Pfanne genügt!

Bei diesem Kuchen kommt derselbe Hefeteig mit Kartoffelpüree zum Einsatz, der auch für die Zimtschnecken (Seite 86)verwendet wird.

Für das Kartoffelpüree: Kartoffel schälen, würfeln, weich kochen. Mit einer Gabel zerquetschen.
Nun die Butter hinzufügen, damit sie im noch warmen Püree schmilzt. Dann die Milch und das Ei unterrühren.

Die trockenen Zutaten in einer großen Schüssel mischen, in der Mitte eine Mulde formen und dort die Kartoffel-Butter-Milch-Ei-Mischung hineingießen.

Alles gut mit einem Holzlöffel verrühren und dann mit den Händen weiter kneten, bis ein geschmeidiger Hefeteig entstanden ist. Das geht am besten auf der Arbeitsplatte. Ist der Teig zu trocken, die Hände kurz anfeuchten. Ist er zu feucht, ein wenig Mehl hinzugeben.

Den Teig in die Schüssel zurück legen, mit einem Geschirrtuch abdecken und an einem warmen Ort für circa eine Stunde gehen lassen, bis sich sein Volumen verdoppelt hat.

Die Äpfel waschen, vierteln und entkernen. Die Viertel in ca. 1 cm dicke Spalten schneiden und mit Zitronensaft beträufeln, damit sie nicht braun werden.
Die Pfanne mit Backpapier auskleiden und die Apfelspalten leicht überlappend in die Pfanne legen, sodass der Boden gut bedeckt ist.

Den aufgegangenen Teig aus der Schüssel auf die Arbeitsfläche geben und mit den Händen einen Fladen in Pfannengröße formen oder mit dem Nudelholz – alternativ geht auch eine Glasflasche – ausrollen. Den Teigfladen über die Apfelspalten in die Pfanne legen und leicht andrücken. Den Deckel auf die Pfanne setzen und den Hefekuchen nochmals für 30 Minuten gehen lassen.

Danach die Pfanne auf die kleinste Flamme setzen und den Kuchen mit den Äpfeln nach unten für 30 Minuten backen.

Den Deckel von der Pfanne nehmen, das Backpapier am Rand festhalten, Kuchen mit Backpapier aus der Pfanne heben und alles auf einen Teller entsprechender Größe setzen - immer noch mit den Äpfeln nach unten. Den Hefeboden mit Mehl bestreuen. Einen zweiten, passenden Teller darüber stülpen, mit den Händen beide Teller umklammern und den Kuchen wenden. Das Backpapier vorsichtig vom Obst ziehen und wieder zurück in die Pfanne legen. Den Kuchen vom Teller in die Pfanne gleiten lassen, den Deckel aufsetzen und für 15 Minuten fertig backen. Den fertigen Apfel-Hefekuchen auskühlen lassen und am Backpapier einfach aus der Pfanne heben.

Zusammen mit geschlagener Sahne servieren. Geschafft!

Na, haben Sie Lust bekommen, den Apfel-Hefekuchen nachzubacken? Also los, auf geht's – beweisen Sie, dass Sie für einen guten Obstkuchen keinen Ofen brauchen!

Schichtdessert

So ein Schichtdessert im Glas können Sie schnell und einfach herstellen und dabei optisch für sich und Ihre Gäste ein Highlight zaubern! Hier wird Kaffeemilchreis mit Sahne und Bananenmus geschichtet - eine Kombination aus süßen und herben Aromen.

Aus Wasser und Kaffeepulver einen starken Kaffee kochen.
Die Milch mit dem Zucker und dem Reis in einem Topf aufkochen, den Kaffee hinzugeben und alles für 30 Minuten köcheln lassen, bis der Reis gar ist.

Die Bananen mit einer Gabel oder dem Stabmixer zermusen.

Die Sahne steif schlagen.

Mit einem scharfen Messer von der Schokolade ganz dünne Raspel absäbeln.

Vier Gläser bereitstellen und zuerst je 2 Esslöffel vom Kaffeemilchreis in die Gläser geben und leicht andrücken. Das Bananenmus gleichmäßig auf alle vier Gläser verteilen. Als nächste Schicht werden je Glas 2 EL Sahne darauf gegeben und dann wieder 2 EL vom Kaffeemilchreis. Als Abschluss werden wiederum 2 EL Sahne entweder gesprüht oder mit dem Löffel als Haube aufgesetzt und diese mit den Schokoraspeln bestreut.

So schnell und unkompliziert haben Sie ein wunderbares Dessert gezaubert, das nicht nur geschmacklich, sondern auch optisch überzeugt.

ZUTATEN

FÜR 4 PERSONEN

200g	Rundreis
150g	Milch
150g	Wasser
20g	Kaffeepulver
30g	Zucker
2	reife Bananen
100g	süße Sahne
2	Stück dunkle Schokolade

Bananeneis

Sie mögen Eis? Dann habe ich hier etwas für Sie:
Ein cremiges Eis ohne Zugabe von Zucker und Sahne, das
auch noch lecker schmeckt. Geht nicht? Geht wohl!
Und das Allerbeste: Es ist sehr, sehr einfach herzustellen.

Die reifen Bananen in Scheiben schneiden, in eine Tüte geben und einfrieren. Die Scheiben sollten bis zur Weiterverarbeitung durchgefroren sein, das dauert je nach Kühlleistung des Kühlschranks 6-24 Stunden. Kurz vor dem Verzehr die Bananenscheiben aus dem Gefrierfach nehmen, die kompakte Masse in Stücke brechen oder -schneiden und zusammen mit der gekühlten Milch in einen Rührbecher geben. Nun kommt der Stabmixer zum Einsatz: Alles so lange pürieren, bis eine cremige Masse entstanden ist und keine groben Bananenstücke mehr vorhanden sind. Sofort servieren.

Ganz wunderbar schmeckt das Eis, wenn Sie noch gehackte
Schokoladenstücke unterheben. Das Beste: dieses Eis kön-
nen Sie ohne Reue genießen - so oft sie wollen!

ZUTATEN

ERGIBT 400G EIS

290g reife Bananen
      (Fruchfleisch, ohne Schale)
120g Milch